Jochem Westhof

Erzähl mir was

Tipps für fantasievolles und lebendiges Erzählen

Verlag Ernst Kaufmann

Die Deutsche Bibliothek – CIP-Einheitsaufnahme

Westhof, Jochem:
Erzähl mir was : Tipps für fantasievolles und lebendiges Erzählen /
Jochem Westhof. – Lahr : Kaufmann, 1999
    ISBN 3-7806-2499-0

1. Auflage 1999*
© 1999 Verlag Ernst Kaufmann, Lahr
Printed in Germany
Umschlaggestaltung: JAC unter Verwendung einer Illustration
von Irmtraud Guhe
Hergestellt bei Präzis-Druck GmbH, Karlsruhe
ISBN 3-7806-2499-0

Inhalt

Vorwort

Die folgende Szene hat sich mir fest eingeprägt: Ich hatte eine alte Dame gebeten, jungen Erzieherinnen zu erzählen, wie am Anfang unseres Jahrhunderts Advent und Weihnachten gefeiert wurde.

Mühsamen Schrittes, auf einen Gehwagen gestützt, kam die fast Neunzigjährige in den Tagungsraum. Auch das Hinsetzen machte ihr sichtlich Mühe. Tief atmete sie durch. Dann aber geschah die Verwandlung: Ihr Oberkörper richtete sich auf. Mit leuchtenden Augen begann sie zu erzählen – fantasievoll, authentisch, mit Worten Bild auf Bild malend ...

Gebannt lauschten die Tagungsteilnehmerinnen. Nicht nur die Erzählerin war verwandelt – die Zuhörerinnen nahmen teil an ihrer Verwandlung, am Zauber ihrer eindringlichen, aber schlichten Erzählweise.

Für mich war dieser Nachmittag ein Schlüsselerlebnis. Ich verstärkte von da an meine Bemühungen um Erzählseminare und Geschichtenwerkstätten. In den Kirchengemeinden regte ich für die Herbst- und Weihnachtszeit „Erzählstuben" an, in denen Alt und Jung einander erzählten, was sie zum Beispiel „vor und hinter Türen" oder mit „allerlei seltsamen Geschenken" erlebt hatten. Das Aufeinander-Hören gelang nicht immer. Und nicht immer fanden sich genug „Mutige", die sich getrauten zu erzählen. Damals wünschte ich mir – jenseits komplizierter Erzähltheorien – ein Buch mit ganz wenigen elementaren Erzählregeln, das Mut machte zum Erzählen von Geschichten, seien es selbst erlebte oder fremde, die uns angerührt hatten.

Mit dem vorliegenden kleinen Buch ist mein Wunsch in Erfüllung gegangen. Es vermittelt seinen Lesern und Leserinnen auf lebendige, überzeugende Weise die Einsicht: Erzählen kann man lernen.

Ich wünsche Autor und Verlag viel Glück bei der Verbreitung des Buches. Mögen Alte und Junge fleißig von ihm Gebrauch machen.

Heist, März 1999   *Wolfgang Longardt*

Erzählt Geschichten!

„Nein, ich kann nicht erzählen. Ich vergesse alles und bleibe stecken!"

„Warum denn erzählen? Ich lese vor. Dann hören die Kinder auch zu."

„Mein Großvater hat mir früher viele Geschichten erzählt. Ich glaube, er hat sie sich alle ausgedacht. Das war wunderschön, bei ihm auf dem Schoß zu sitzen und eine Geschichte nach der anderen zu hören."

„Meine Kinder hören öfter Kassetten. Aber die dudeln so nebenbei und sie hören nur halb zu. Wenn ich selber erzählen könnte, das wäre schon toll. Aber sowas kann man doch nicht mehr lernen?!"

„Wer kann heute schon noch erzählen? Selbst die Großeltern können es nicht mehr. Und ich habe gar keine Zeit dafür."

„Neulich hat jemand im Kindergarten erzählt – eine halbe Stunde lang. Alle haben ganz still dagesessen und wie gebannt zugehört. Das war wunderschön!"

Wenn man auf das Erzählen zu sprechen kommt, dann gibt es immer solche und ähnliche Äußerungen. Immer wieder hört man dann: „Ich kann nicht erzählen!" Dieser weit verbreitete Irrtum hindert uns daran, es einfach einmal zu versuchen. Denn erzählen können wir alle und tun es auch – meist allerdings ohne uns dessen bewusst zu sein: „Was hast du im letzten Urlaub Interessantes erlebt? Erzähl doch mal!"

Wie kommen wir zu der Vermutung, wir könnten nicht erzählen? Oft hält uns nur die Vorstellung ab, perfekt sein zu müssen: Auf keinen Fall darf ich stecken bleiben! Die Geschichte ist ja so lang. Wie ging es doch weiter? Hilfe, ich bin ganz durcheinander – ich lese doch lieber vor …

Besonders Menschen, die beruflich mit Kindern arbeiten, haben diese Angst vor dem Steckenbleiben oder fürchten, dass sie die Geschichte vielleicht „falsch" erzählen. Dabei ist es meistens nur nötig, die ersten Hemmschwellen abzubauen und einfach anzufangen – immer fließender, immer lebendiger, immer spannender wird die Geschichte.

Manche möchten lieber vorlesen, um sich dem „Stress" des Erzählens nicht auszusetzen. Wo doch das Buch griffbereit daliegt! „Vorlesen ist besser als gar nichts", argumentieren sie, „und die Kinder hören gerne zu!"

Richtig! Auch das Vorlesen hat seine Zeit und ist für manche Situation und für manche Geschichte sinnvoller als die freie Erzählung. Doch in vielen Fällen ist das Vorlesen einer Geschichte wie ein Lied ohne Musik, es fehlt das Wesentliche, das Spielerische, das Lebendige, das spontane Reagieren, der Augenkontakt. Viele spüren das und suchen deshalb einen Weg, das Erzählen zu lernen.

Jahrhundertelang haben die Menschen erzählt, haben die Geschichten der Väter und Mütter weitergegeben, neu erlebt und auch neu geschaffen. Das Erzählen ist eine Kunst, die aus der Menschheitsgeschichte nicht wegzudenken ist. Alle Religionen leben vom Erzählen. Die heiligen Geschichten wurden lange vor ihrer schriftlichen Fixierung wieder und wieder erzählt.

Erkenntnisse und Weisheiten der Menschen fanden Gestalt in Geschichten: Mythen, Märchen und Legenden erzählen von den grundlegenden Befindlichkeiten und Erfahrungen des Menschen in dieser Welt. Auch das Verhalten in Konfliktsituationen, das Ausrichten an Vorbildern lernen wir durch Geschichten. Und die Wunderwelt der Fantasiegeschichten kann nicht nur äußerst vergnüglich sein, sondern lässt uns auch eintauchen in eine Welt, die wir im normalen Alltag nicht mehr kennen.

Darum: Erzählt Geschichten!

All das, was ihr erzählt, wird für eure Zuhörer lebendig. Sie springen hinein in die Erzählung und erleben alles mit.

Wundersames kann geschehen – die Kuscheltiere der Kinder fangen an zu sprechen, große Leute werden klein gezaubert oder die Möbel im Zimmer beginnen zu laufen.

Fremde Welten tun sich auf – ich kann über die Prärie reiten und werde von einer Büffelherde verfolgt, ich gehe ins Königsschloss und löse die Rätsel der Prinzessin oder ich kann als Kind plötzlich Auto fahren.

Unbekannte Erfahrungen sind möglich – ich erlebe die Hochzeit am Königshof oder werde zurückversetzt in die Zeit meiner Urgroßeltern oder ich höre zu, wie Gott zu Mose spricht.

Darum: Erzählt Geschichten!

Eure Zuhörer tauchen ein in die Welt der Geschichte und leben mit. Nicht nur Kindern geht es so, sondern auch erwachsenen Menschen. Wer hat nicht schon erlebt, dass bei spannenden Büchern das Herz klopft oder die Augen feucht werden? Es erginge uns bei erzählten Geschichten genauso, wenn wir nur die Ruhe aufbrächten zum Zuhören und „Geschichten" nicht gleich als Kinderkram abtun würden.

Ihr Pfarrerinnen und Pastoren, hört auf, die Dogmatik zu lehren, begrenzt eure Ansprachen und Predigten und erzählt! Die tausend Geschichten der Bibel wollen *erzählt* und nicht nur analysiert werden. All das, was in euren Ansprachen eigentlich gesagt sein soll, kommt in der Erzählung bis in das Herz der Zuhörer.

Ihr Lehrerinnen und Lehrer, es gibt sogar ein Schulfach „Geschichte". Nehmt es beim Wort! Bei einer Erzählung sind eure jungen Zuhörer plötzlich im 17. Jahrhundert, erleben Prunk oder bittere Armut, erschrecken über Ungerechtigkeit und Krieg und empören sich über die Herrschsucht der Fürsten. „Lernen durch Identifikation" heißt das „auf pädagogisch".

Ihr Eltern, unbegrenzt ist der Reichtum an Geschichten und unbegrenzt ist damit auch das, was ihr euren Kindern an Gedanken, Ideen und Idealen mitgeben könnt.

Es gab Generationen, die hörten Geschichten von Kriegen und Heldentaten, von der Größe der Nation, von Tapferkeit und Mannesmut und von der Ehre, für das Vaterland zu sterben. Verführt von solchen Geschichten zogen die Männer in den Krieg und alle haben verloren. Verführt mit euren Geschichten die Menschen zum Frieden! Erzählt ihnen von den Helden der Gewaltlosigkeit, von der Zärtlichkeit und Buntheit und Vielfalt des Lebens.

Gute Geschichten wollen durch Erzählen zum Leben erweckt werden. Wer einmal die Wirkung einer erzählten Geschichte an sich selbst erfahren hat, der weiß um den Wert des Erzählens. Der kennt den Reichtum der Gefühle und inneren Bilder, die beim scheinbar passiven Zuhören entstehen.

Für alle, die viel mit Kindern zu tun haben, ist das keine Neuigkeit. Erzieherinnen, Lehrerinnen und Lehrer fragen nicht *ob,* sondern *wie* sie erzählen sollen. Im kirchlichen Bereich ist zumindest bei der Kindergottesdienstarbeit die Erzählübung ein Standardthema bei Fortbildungen.

Auf vielen Seminaren, die ich zu diesem Thema durchgeführt habe, bildeten sich einige „Regeln" heraus, die die Vorbereitung und das Erzählen erleichtern. Es sind nicht viele – Erzählen ist keine Wissenschaft. Diese grundsätzlichen Regeln möchte ich in den nächsten Kapiteln vorstellen und mit Beispielen aus dem Schatz der Märchen und biblischen Geschichten anschaulich machen, wobei bedacht werden muss, dass das geschriebene Beispiel natürlich nur ein unzulänglicher Ersatz für das erzählte Beispiel ist.

Mit Vorschlägen für kleine Übungen schließt jedes Kapitel. Diese Übungen sind Kernstück unserer Seminare und können bei einer Geschichte zu verschiedenen köstlichen Varianten führen.

In den Seminaren machen alle die Erfahrung, dass man Erzählen *lernen* kann. Es gehört keine geheimnisvolle Begabung dazu. Eigentlich sind nur zwei Regeln zu beachten: das *innere Bild* und die *wörtliche Rede.* Damit schafft es jeder, eine Geschichte so einfühlsam und spannend zu präsentieren, dass die Zuhörenden sich in die Handlung hineingenommen fühlen und sie miterleben, als wär's ein Stück ihres eigenen Lebens.

Die 1. Regel: Das innere Bild

Mit dem inneren Bild ist gemeint, dass ich mir – als die erzählende Person – vorstelle, am Ort des Geschehens meiner Geschichte zu stehen und alles mit einem „inneren Auge" anzuschauen.

Wie sieht es dort aus? Welche Atmosphäre hat dieser Ort? Wie riecht es dort und was höre ich alles? Vor dem „inneren Auge" der Zuhörenden entsteht ein ähnliches Bild wie mein eigenes – und trotzdem kein identisches. Wenn ich vor zehn Zuhörern von einer Quelle erzähle, aus der ein Prinz trinkt, so werden zehnmal ähnliche Bilder bei den Zuhörenden entstehen. Welcher Reichtum an Fantasie! Würde ich ein Foto, eine Illustration zeigen oder gar einen Film, so gäbe es nur dieses eine Bild – welche Armseligkeit!

Ich „male" mir also vor dem Erzählen ein inneres Bild und beginne es zu gestalten. In der Vorbereitung einer Erzählung kann ich es noch variieren, für meine Geschichte umgestalten, meinen Vorstellungen und Zielen anpassen.

Die handelnden Personen

Nehmen wir als Beispiel einen kargen Satz: *Ein Mann wollte ein Fest feiern.*

Egal, ob dies der Anfang einer biblischen Geschichte ist (Lukas 14, 16) oder das Ende eines Märchens oder sonst einer Geschichte, ich muss mir diesen Mann vorstellen können.

Ich überlege: Wie sieht dieser Mann aus?

- Ist es ein reicher Mann, der ein Fest gibt aus seinem Überfluss?
- Oder ein hinterhältiger Mann, der nur seinen Vorteil sucht?
- Oder ein lebensfroher Mann: Hurra, endlich können wir feiern!
- Oder ein armer Mann, der vielleicht das einzige Fest seines Lebens feiern will?
- Oder wie auch immer ...

Alle diese Vorstellungen sind möglich. Ich muss entscheiden, welche in meine Geschichte passt.

Der Ort der Handlung

Ich überlege weiter: Wo feiert dieser Mann? Wie sieht sein Haus aus?

- Ist es ein prunkvoller Palast?
- Eine typische deutsche Gaststätte?
- Ein „exotischer" Raum mit Tüchern, Vorhängen und Räucherkerzen?
- Ein schlichter, großer Raum mit weißen Wänden?
- Oder findet das Fest im Freien statt?
- Oder wo auch immer ...

Ich schaue ihn mir an, meinen Festsaal, und prüfe, ob er in meine Geschichte passt. Vielleicht ist die deutsche Gaststätte nicht der optimale Ort für die biblische Geschichte? Dann hänge ich in Gedanken ein paar Tücher auf, stelle die Stühle hinaus und ein paar Decken und Öllampen hinein. Passt es nun besser? Sonst stelle ich weiter um, verändere mein Bild, bis es stimmt.

Der Mann kommt herein. Die Geschichte kann beginnen.

Vielleicht erzähle ich so:

Der Mann erscheint. Prunkvoll ist sein Gewand, aus dunkelrotem Samt geschneidert. Prüfend schaut er sich im Saal um.

„Diener!" Er klatscht in die Hände. Sofort erscheint ein Diener, verbeugt sich tief.

„Die Öllampen können angezündet werden!"

Der Diener eilt hinaus.

Oder auch so:

Der Mann erscheint im Festsaal.

„Au ja, toll! Es ist ja schon alles fertig!"

Er eilt zu dem Tisch, der festlich gedeckt an der Seite des Saales steht.

„Und so ein köstliches Essen! Ah, das wird ein großartiges Fest."

Er nascht schnell von den Oliven, die gerade vor ihm stehen.

„Nun die Lampen an! Die Gäste können gleich kommen. He da, Diener, das habt ihr toll gemacht!"

Oder wie auch immer …

Erinnern wir uns an den Ausgangssatz. Er war kurz und ohne Ausschmückung: Ein Mann wollte ein Fest feiern. Mit der Fantasie, durch das innere Bild, lässt sich dieser Satz füllen: In der etwas steifen, vornehmen Erzählform des ersten Beispiels oder eher locker und unbekümmert freudig wie im zweiten Beispiel oder noch ganz anders.

Die Ausgestaltung der Geschichte ist nicht festgelegt und unveränderlich. Die Vielzahl möglicher Vorstellungen ist erst einmal ein Reichtum, aus dem ich als erzählende Person schöpfen kann. Mit der Auswahl und der Gestaltung dieser Bilder von Personen und Orten kann ich dann ganz wesentlich den Charakter einer Geschichte bestimmen. Ein vornehmer Gastgeber und eine prunkvolle Umgebung passt ja vielleicht besser zu dem, was mir an der Geschichte wichtig ist und was ich gerne weitergeben möchte. So wirken meine Sympathien und Zielvorstellungen (und bei Theologen die Exegese) wie ein Filter, der aus den vielen möglichen Bildern das herausholt, was meinem Verständnis der Geschichte am nächsten kommt.

Erzählen verschiedene Menschen die gleiche Geschichte, so entstehen unterschiedliche Bilder und damit auch unterschiedliche Wertungen.

Für meine Erzählung ist es wichtig, dass sie meinem Bild entspricht. Dieses Bild muss ich klar vor Augen haben und in der Erzählung durchhalten. Der vornehme Herr sagt nicht „Au ja!" und nascht auch keine Oliven. Das einmal ausgewählte Bild muss die ganze Geschichte hindurch konsequent dargestellt werden. Es sei denn, ich will erzählen, wie sich der Charakter des Mannes ändert.

Wenn ich mein Bild klar vor mir habe, rede ich automatisch so, wie es diesem Bild entspricht. Ist es ein geheimnisvoller Ort, etwa eine verwunschene Höhle im schummerigen Licht, so werde ich die

Stimme senken, langsam und fast flüsternd reden. Ist es ein gefährlicher Ort, vor dem man flieht, so rede ich laut und schnell. Der vornehme Herr wird mit einer anderen Stimme beschrieben als der lässige, er spricht auch anders.

Die inneren Bilder helfen mir, dass ich automatisch und ohne Überlegen die richtige, angemessene Betonung in meine Stimme bringe.

Ausschmücken und fantasieren – darf man das denn?

Es gibt Erzähltheorien, die eine fantasievolle Ausgestaltung verbieten, die fordern, dass man eng am gedruckten Wortlaut der Geschichte bleiben müsse und nur das erzählen dürfe, was tatsächlich in der Geschichte steht. Ausschmückungen werden als Verfälschungen angesehen.

Gerade bei biblischen Geschichten ist diese Einschränkung häufig anzutreffen. Aber auch manche klassischen Märchenerzähler vertreten diese Theorie. Sie gehen sogar so weit, den Wortlaut eines Märchens auswendig zu lernen und dann vortragend zu erzählen, um die sprachlich wertvolle Gestalt weiterzuvermitteln und die Geheimnisse des Märchens unverfälscht weiterzugeben.

Auch solche Erzählungen haben etwas Faszinierendes. Sie sind aber nicht das, was in diesem Buch betrachtet werden soll.

Wieder andere Erzähltheorien achten besonders auf Satzbau und Grammatik. Oder sie betonen die Notwendigkeit der Gegenwartsform (z. B.: Er *rennt* um sein Leben – statt: Er *rannte* um sein Leben) oder schulen besonders Ausdruck und Betonung beim Sprechen.

Ich halte solche Regeln für problematisch, weil sie die Aufmerksamkeit vom eigentlichen Erzählvorgang abziehen. Wer sein inneres Bild auch während des Erzählens nicht verliert, wird Ausdruck und Betonung automatisch angemessen wiedergeben. Wer in der Geschichte lebt und ihre Situationen nachempfindet, wird dies automatisch auch in seinen Worten deutlich machen.

Was die Gegenwartsform betrifft, so erscheint es mir fraglich, ob sie wirklich die bessere Erzählform ist. Die Märchen beispielsweise erzählen immer in der Vergangenheit.

Sprich zur Probe einmal die Sätze:

Die Prinzessin schreitet zur festlich gedeckten Tafel und betrachtet die köstlichen Speisen.

Und:

Er ging in die Pommes-Bude und bestellte sich eine Curry-Wurst.

So unterschiedlich die Bilder sind, die sich mir bei diesen Sätzen auftun, so unterschiedlich und dem jeweiligen Bild angemessen wird auch meine Sprechweise sein.

Übrigens: Ist das zweite Beispiel weniger anschaulich, weil es in der Vergangenheit erzählt ist?

Übungen

König Hupf der Erste

Eine wunderschöne Geschichte, um die inneren Bilder zu üben, ist die von König Hupf dem Ersten. Er hat die Angewohnheit, jeden Abend an dem Bettpfosten hochzuklettern und von dort in sein königliches Bett zu hüpfen.

→ Wie sieht dieses königliche Bett aus?
  Und wie sieht ein König aus, der in sein Bett hüpft?
  Erzähle deinen Zuhörern den Anfang dieser Geschichte!

„Der kleine Peter geht in die Höhle ..."

Dieser Satz ruft sofort Bilder hervor.

→ Wie sieht es in der Höhle aus? Düster – schaurig – unheimlich? Oder eher geheimnisvoll – Neugier erweckend, aber nicht Angst machend? Kann man etwas erkennen? Hörst du das Wasser von der Decke tropfen? Beschreibe deinen Zuhörern die Höhle!
→ Wie sieht Peter aus? Ein kleiner, ängstlicher Junge? Oder eher selbstbewusst und mutig? Einfach neugierig um die Ecke schielend? Oder vielleicht schon etwas größer, ein kräftiger junger Mann? Beschreibe verschiedene Peter, die in die Höhle gehen!

Die Geschichte von Herrn Hochnase

In dieser Geschichte, die auf Seite 29 wiedergegeben ist, wird ein Mensch beschrieben, der klein gezaubert wird.

→ Schrumpft er langsam zusammen oder ist er auf einen Schlag winzig? Ist er geduldig ergeben oder bewegt er sich dazu und schimpft? Wie sieht der Zwerg aus, der den Zauber ausspricht?
Erzähle die Situation, wie er immer kleiner wird.

Die bittende Witwe (Lukas 18,2–5)

In diesem Gleichnis erzählt Jesus von einer Witwe, die zu einem Richter geht und ihr Recht einklagt.

→ Welche Bilder von den handelnden Personen haben wir? Ist der Richter ein gerechter Mensch, der die Frau mit Respekt behandelt, oder ein unangenehmer Kerl, der nur auf seinen Vorteil bedacht ist? Wiegt er ängstlich die Interessen ab?
Mehr noch prägt das Bild der Witwe den Charakter der Geschichte, ist sie doch eine Person, mit der sich die Zuhörenden leicht identifizieren.
→ Ist es eine alte oder eine junge Frau? Ist sie unterwürfig und erregt allein dadurch Mitleid? Oder ist sie selbstbewusst, weiß um ihr Recht und kommt deshalb immer wieder?
→ Lies die ganze Geschichte und suche die Bilder, die für dich zum Ablauf der Geschichte passen. Erzähle den Anfang des Gleichnisses, wie die Frau zum ersten Mal vor den Richter tritt.

Die 2. Regel: Wörtliche Rede

Während es bisher um die inneren Bilder ging, die ich mit dem „inneren Auge" schaue, soll in diesem Kapitel das „innere Ohr" gestärkt werden.

Was höre ich alles? Die Wassertropfen, die in der Höhle von der Decke fallen? Den knirschenden Sand, wenn das Schiff aufs Ufer fährt? Das Segel, das im Sturm flattert und knattert? Aber vor allem: Höre ich die Menschen, wie sie miteinander reden? Als erzählende Person kann ich daneben stehen und zuhören. *Was* sagen sie? *Wie* sagen sie es?

Die Personen sprechen lassen

Der kleine Jörg läuft zu seiner Mutter: „Ach bitte, bitte, Mutti, kann ich in die Tierschau? Unten ist ein Zirkus. Darf ich da hin?"

Wenn der kleine Jörg redet, muss ich ihn in wörtlicher (direkter) Rede sprechen lassen und nicht in indirekter (Der kleine Jörg sagte zu seiner Mutter, er wolle gerne in die Tierschau, und bat sie, sie möge es ihm erlauben). Indirekte Rede ist farblos und umständlich. Mehr noch: Bei indirekter Rede kann ich kaum noch Betonung in die Stimme legen, meine Erzählung wird monoton. Bei wörtlicher Rede hingegen kann ich Jörg so sprechen lassen, wie ein kleiner Junge eben reden würde, der etwas von seiner Mutter erbettelt – leicht weinerlich vielleicht oder auch etwas einschmeichelnd. Zur wörtlichen Rede gehört unbedingt: Ich muss so reden, wie es dem Charakter des Sprechenden entspricht.

„Ich will sofort zum König", brüllte Herr Hoch-
nase.

Der Zwerg führte ihn in den großen Saal vor den
goldenen Thron des Zwergenkönigs.

„So, so", sagte der König. „Sie sind also der Bursche,
der zu niemandem nett und freundlich ist!"

„Unsinn!", rief Herr Hochnase.

„Wenn Sie jemals wieder unfreundlich sein sollten,
werden Sie augenblicklich zusammenschrumpfen.
Verstanden?"

Wenn ein König redet, so spreche ich langsam
und würdevoll. Ein Mensch voller Angst redet leise
und stockend, vielleicht aber auch rasend schnell
und sich verhaspelnd.

Wieder helfen mir die inneren Bilder, die richtige Tonlage zu treffen. Ich sehe die Menschen an, die
in der Geschichte reden, ich erkenne, ob sie aufge-
regt sind oder befehlsgewohnt oder schüchtern.
Dann rede ich auch so, fast übertrieben deutlich,
wie es ihrer Stimmung entspricht.

Es ist dabei nicht nötig, die Stimme zu verstellen,
indem ich etwa als Mann eine Frauenstimme nach-
mache. Das wird leicht lächerlich. Wichtig ist es,
den Charakter einer Aussage in der Stimme wie-
derzugeben.

Das erfordert Mut. Es ist nicht leicht, so weit aus
sich herauszugehen. Plötzlich soll ich „ängstlich" reden oder als herrschsüchtiger Despot Befehle ertei-
len oder als Blinder am Straßenrand von Jericho „Er-
barme dich!" schreien. Besonders bei erwachsenen
Zuhörern fällt es anfangs schwer, so emotional zu
reden. Erst wenn ich merke, wie solche Rede die
Zuhörenden in den Bann zieht, wird es mir leichter
fallen.

Auch hier ist natürlich, wie überall, die Gefahr der Übertreibung groß. Wenn alle Personen nur noch schreien, heulen und flüstern, wird meine Erzählung schnell zum Kabarett. Meine Betonung muss dezent sein. Die extremen Äußerungen bleiben für die Höhepunkte der Geschichte aufgespart.

Manchmal ist es hilfreich, in einer Geschichte weitere Personen dazu zu erfinden, um wörtliche Rede möglich zu machen. So kann in dem Gleichnis Jesu vom großen Abendmahl (Lukas 14,16–24), in dem der Gastgeber seinem Knecht befiehlt, die Krüppel, Lahmen und Blinden zum Festmahl einzuladen, zum Beispiel erzählt werden, wie die Eingeladenen auf diese Aufforderung reagieren. Es sind vielleicht gar nicht alle begeistert und wollen mitgehen, manche wittern eine Falle oder sind schlicht unfähig zu kommen. Eine solche Ausweitung der ursprünglichen Erzählung macht die Brisanz der Einladung nur noch deutlicher.

Das Selbstgespräch

Nicht nur dann, wenn Menschen miteinander reden, setze ich wörtliche Rede ein. Sie hilft mir auch, Gedanken und Gefühle der dargestellten Personen deutlich zu machen, indem ich sie Selbstgespräche führen lasse:

Zögernd ging er weiter. „Was soll ich nur tun?", dachte er bei sich. „Wie soll ich das Rätsel lösen? Ich glaube, das schaffe ich nie. Ob ich versuche zurückzulaufen? ... Ach, ich weiß nicht weiter."

Selbstgespräche brauchen die wörtliche Rede und – in diesem Fall – das langsame und nachdenkliche Reden. Leider wird gerade bei den eigenen Gedanken der Personen allzu oft indirekte Rede oder abstrakte Sprache benutzt (Er überlegte, was er machen solle. – Oder: Er war ganz verzweifelt, weil er nicht mehr weiterwusste.). Solche Sätze bleiben blass und können auch nur schwer betont werden.

Darüber hinaus können mir Selbstgespräche auch helfen, einen Handlungsablauf durch die Person der Geschichte selber erzählen zu lassen:

Zögernd ging er weiter. „Was soll ich nur tun?", fragte er sich noch einmal. „Aber da – was ist das? Da vorne, ein Licht! Ein Feuer – und drei Personen am Feuer. Ja, die werde ich fragen. Vielleicht lösen sie mein Rätsel. … Ich grüße euch, ihr drei am Feuer. Ich bin in Not, bitte, helft mir!"

„Wer bist du, Fremder? Was willst du von uns?"

„Hört zu! Man gab mir ein Rätsel auf!"

Beliebt ist es auch, eine Geschichte ganz aus der Sicht einer anderen Person zu erzählen. Ich habe dann ein fortlaufendes Selbstgespräch. Diese Person kann frei erfunden sein, es kann auch ein Tier oder ein lebendig gewordener Gegenstand sein:

Ich bin der Tisch des Oberzöllners Levi. Da hat doch neulich mein Herr eine merkwürdige Gesellschaftsrunde zu mir eingeladen …

Oder auch: *Ich bin die kleine Maus, die im Königsschloss wohnt. Dort ist es gemütlich und warm. Wir haben da eine Prinzessin, die heißt Dornröschen und ist wunderschön …*

Solch eine veränderte Sichtweise kann recht unterhaltsam sein. Auch kann die Maus, um beim Beispiel zu bleiben, manche Dinge im Verlauf der Erzählung erklären, problematisieren und kommentieren. Oft wird allerdings die Wirkung einer solchen künstlichen Erzählfigur überschätzt. Sie bringt ja eigentlich keine neue Spannung in die Erzählung und macht nur am Anfang neugierig, welche Geschichte denn nun folgt. Zudem werden die Bilder komplizierter, weil durchgehend aus einer anderen Perspektive erzählt werden muss. Leicht bleibt die Fantasie bei der niedlichen, kleinen Maus hängen, sodass sie mehr Raum einnimmt, als ihr zukommt.

Der echte Dialog

Wenn zwei Personen miteinander reden, erzähle ich dies so, dass ich einfach die beiden wörtlichen Reden nebeneinander stelle. In aller Regel kann ich das *„sagte der eine"* dabei weglassen, denn im Charakter der Stimmen unterscheiden sich die Personen meist deutlich. Wenn der kleine Jörg seine Mutter bittet, zur Tierschau gehen zu dürfen, redet er anders als seine Mutter antwortet.

Besonders im Streitgespräch, im schnellen, heftig geführten Dialog würden die kurzen Ergänzungen *„sagte der eine/der andere"* sehr stören:

„Lass das, gib her, es ist meins!"

„Wie kommst du darauf? Mir gehört es!"

„Unsinn! Es war schon immer meins!"

„Lass sofort los! Du bekommst es nicht."

Ein solcher Dialog, kurz und heftig geführt, hat alle Aufmerksamkeit der Zuhörer.

In jedem Fall gilt: Lass die Personen deiner Geschichte reden. Dann kann dein Publikum sie hören. In manchen Fällen lässt sich eine ganze Geschichte als Dialog gestalten.

Übungen

Die Geschichte eines kleinen Elefanten

In der Originalgeschichte heißt es, dass der Elefant in einen Porzellanladen geht, um seiner Tante eine Vase zu schenken. Während er sich im Laden umschaut, stehen draußen die Leute am Schaufenster und gaffen. Hier bieten sich viele Möglichkeiten für Dialoge:

→ Wie hört es sich an, was die Leute vor dem Schaufenster alles sagen?
  Lass die Leute vor dem Schaufenster miteinander reden!

Das Gleichnis vom großen Gastmahl (Lukas 14)

In diesem Gleichnis Jesu heißt es: *Da wurde der Hausherr zornig und sagte zu seinem Knecht: „Geh schnell hinaus auf die Straßen und Gassen der Stadt und führe die Armen und Lahmen und Blinden und Krüppel hier herein."*
An diesem Teil der Geschichte lässt sich viel wörtliche Rede üben.

→ Wie spricht der Hausherr einen solchen Satz?
  Was denkt der Knecht, als er losgeht?
  (Selbstrede)

Wie spricht der Knecht seine Einladung aus? Was antworten die Eingeladenen?
Erzähle!

Jörg geht in den Zirkus

In dieser Geschichte bietet der Zauberer im Zirkus dem Jungen eine „Schrumpelpille" an, mit der er einen Elefanten klein zaubern kann.

→ Wie redet der Zauberer, wie hört sich sein Angebot an?
  Und wie antwortet der Junge darauf?
  Erzähle!

Die Geschichte vom Bär und der Fliege

Ein jähzorniger Bär wird von einer kleinen Fliege geärgert, die an seinem Essen nascht.

→ Wie reden die Tiere?
  Wie klingt eine kleine Fliege, die immer wieder zum Essen fliegt und dem Bär entwischt?
  Was sagt sie, wie lacht sie?
  Wie klingt der brummelige Bär, der ihr voller Wut nachjagt und schließlich mit dem Knüppel in den Wald rennt, um sie zu erschlagen, während die Fliege in seinem Nacken sitzt und über ihn kichert.
  Erzähle!

Das Gleichnis vom Richter und der Witwe

Immer wieder kommt die Frau zum Richter und wiederholt ihr Anliegen.

→ Wie redet sie dabei?
   Passt mein Reden zu dem Bild, das ich mir von ihr gemacht habe? (Vergleiche Seite 20)
   Wie klingen die Antworten des Richters? Gelangweilt? Ungeduldig? Zornig? Verständnisvoll?
   Stell dir vor, wie die Frau zum dritten Mal zum Richter kommt.
   Erzähle!

Typische Erzählfehler

Es gibt einige typische Erzählfehler, die von ungeübten Erzählern immer wieder gemacht werden.
Um sie aufzuzeigen, benutze ich die Geschichte
„Unser Herr Hochnase" von Roger Hargreaves. Es
ist eine schöne, kleine Geschichte mit einem etwas
zu moralischen Ende, die ich hiermit erst einmal in
einer Kurzfassung vorstellen möchte:

Leider war unser Herr Hochnase einer der unfreund-
lichsten Menschen der Welt. Vielleicht sogar der un-
freundlichste. Er wohnte in einer Großstadt und war
zu niemandem nett. …

Eines Tages ging unser Herr Hochnase in seinem
riesengroßen Garten spazieren. Plötzlich hörte er eine
Stimme. Ein feines Stimmchen.

„Guten Tag", sagte das Stimmchen.

Unser Herr Hochnase sah sich um. Und da, auf
einem seiner vielen Blumenbeete stand ein Zwerg.

„Sagen Sie nicht ‚Guten Tag' zu mir?", fragte der
Zwerg.

„Geh weg, verschwinde", knurrte unser Herr Hoch-
nase unfreundlich.

„Jetzt weiß ich, wer Sie sind", sagte der Zwerg. „Sie
sind Herr Hochnase, der so unfreundlich zu jeder-
mann ist … Kommen Sie mal mit!" Und er hüpfte da-
von.

Die Neugierde in unserem Herrn Hochnase war zu
stark. Widerwillig folgte er.

„Dort hinein", sagte der Zwerg und zeigte auf ein
kleines Loch in einem Baum.

„Da kann ich nicht hinein!"

„Ach so", lächelte der Zwerg und murmelte ein Zauberwort, das klang wie „Schazamu" oder ähnlich.

Sofort fing unser Herr Hochnase an zu schrumpfen. Er wurde immer kleiner, bis er genauso klein war wie der Zwerg. Dann kletterte er durch das Loch in den Baum. Und hier ging es in das Reich der Zwerge.

„Ich will sofort zum König", brüllte wütend unser Herr Hochnase. ...

Der Zwerg und unser Herr Hochnase gingen durch ein Tor und durch hohe goldene Türen in einen großen Saal. Dort saß auf dem goldenen Thron der König der Zwerge.

„So, so", sagte der König. „Sie sind also der Bursche, der zu niemandem nett und freundlich ist!"

„Unsinn!", rief Herr Hochnase.

„Ich erlaube Ihnen nur noch einmal Ihre richtige Größe. Doch wenn Sie jemals wieder unfreundlich sein sollten, werden Sie augenblicklich zusammenschrumpfen. Haben Sie mich verstanden?"

Darauf führte der Zwerg unseren Herrn Hochnase wieder zurück und hinaus aus dem Baum. Dort murmelte er etwas wie „Umazasch" oder ähnlich, was wahrscheinlich „Schazamu" rückwärts gesagt war. Unser Herr Hochnase wuchs und wuchs, bis er wieder seine richtige Größe hatte.

Am nächsten Tag spazierte er durch die Stadt. Da lief ihm ein Junge mit einem Ball entgegen.

„Aus dem Weg da!", schnauzte Herr Hochnase grob.

Was meint Ihr, was da geschah? Genau das! Unser Herr Hochnase schrumpfte und schrumpfte, bis er ebenso klein war wie der Ball.

„Es tut mir Leid", sagte er da schnell zu dem Jungen. „Was ich eigentlich meinte, war: Darf ich bitte vorbeigehen?"

Augenblicklich wurde unser Herr Hochnase wieder groß. Der Junge ließ ihn vorbei und unser Herr Hochnase ging seines Weges.

Seit diesem Tag ist unser Herr Hochnase ein ganz anderer Mensch. ...

Diese Geschichte eignet sich gut zum Erzählen, sie hat fantasievolle Bilder, eine originelle Idee und ist witzig. Kinder mögen sie gerne.

Doch was hältst du von folgenden Erzählungen:

1. Beispiel

Also, da war einmal ein unfreundlicher Mann, der traf mal einen Zwerg, dem sollte er hinterhergehen. Damit das klappt, hat der Zwerg ihn klein gezaubert. Und dann sind sie zum König gekommen, und der hat gesagt: „Wenn du nicht freundlicher bist, dann bleibst du klein." Und dann ist der Mann ganz nett geworden.

Diese Art zu erzählen ist typisch für Menschen, die Angst vor dem Erzählen, vorm Steckenbleiben oder vor dem Falscherzählen haben. Sie wollen schnell fertig werden und kürzen die Geschichte auf eine Inhaltsangabe. Meist wird noch schnell und monoton gesprochen. Es bleibt keine Muße, innere Bilder entstehen zu lassen, keine Zeit zum Staunen und Verweilen. Dazu wäre es notwendig, sich zu Ausschmückungen und langsam-verweilendem Erzählen zu zwingen:

Und dann sind sie zu dem König gekommen ... Wie sieht der König denn aus? Welchen Eindruck macht er? Was für ein Gefühl ist es, vor einem König zu stehen?

... und der hat gesagt ... Wie spricht ein König denn? Langsam-würdevoll? Drohend? Schelmisch grinsend? Im Sitzen oder Stehen? Mit Handbewegungen? usw.

2. Beispiel

Also, diesmal habe ich eine ganz merkwürdige Geschichte, so mit Zwergen und Zauberei und so. Das gibt es natürlich alles nicht in Wirklichkeit. Aber ich erzähle trotzdem, weil man was an der Geschichte lernen kann.

Mit einer solchen Einleitung vergeht einem die Lust am Zuhören. Man hört die Abneigung gegen diese Geschichte. Warum wird sie dann überhaupt erzählt?

Wenn eine Geschichte nur dazu dient, etwas „zu lernen", fehlt ihr das Lebendige, Spielerische oder Dramatische, sie wird akademisch-langweilig. Wenn ich aber bei den Zuhörenden Gelächter wegen der „unrealistischen" Handlungen und Personen befürchte, dann kann ich ja beginnen:

Heute habe ich eine tolle Geschichte. Da gibt es einen Menschen mit einem merkwürdigen Namen. Er heißt Herr Hochnase. Aber den Namen hat er wirklich zu Recht. „Aus dem Weg!", schnauzt er die Leute an. „Los, los, hier komme ich!" So einer war das. Und dann kommt noch ein Zwerg in der Geschichte vor, ein richtiger Zwerg. Mit dem erlebe Herr Hochnase etwas sehr Merkwürdiges und Geheimnisvolles. Davon will ich jetzt erzählen ...

3. Beispiel

Und so wurde Herr Hochnase ein freundlicher Mann. Habt ihr das verstanden? Ist es bei uns nicht auch oft so? Wir sollten alle viel freundlicher miteinander umgehen, wie der Zwergenkönig es gesagt hat.

Auch wenn uns dieses Beispiel übertrieben vorkommen mag, es wird doch allzu häufig so oder ähnlich praktiziert. Den Geschichten werden erklärende und moralisierende Sätze angefügt oder es wird versucht, die Moral in einer Nachbesprechung herauszuarbeiten. Damit aber wird die Geschichte kaputtgemacht, die Atmosphäre des Erzählens ist dahin, die Bilder verschwinden.

Bedenklich ist ein solches Vorgehen auch deshalb, weil den Zuhörenden schon während der Erzählung längst deutlich ist, dass Freundlichkeit unter Menschen etwas Gutes ist. Sie schmunzeln über die Pfiffigkeit des Zwergenkönigs und ärgern sich über die Arroganz des Herrn Hochnase. Sie lernen die „Moral" ganz nebenbei. Wenn die Geschichte das nicht schaffen würde, sollte ich sie besser gar nicht erzählen.

4. Beispiel

Sie kamen zu einem Baum. Der Zwerg murmelte etwas und Herr Hochnase wurde kleiner. Als er klein genug war, stieg er hinter dem Zwerg durch das Loch im Stamm. Dann kamen sie zum Zwergenkönig.

„Du bist unfreundlich!", sagte der. „Wenn du nicht netter wirst, musst du so klein bleiben wie jetzt."

Dann durfte Herr Hochnase gehen. Der Zwerg zauberte ihn wieder groß und verabschiedete sich. ...

Diese Erzählung ist nicht so rasend schnell wie im ersten Beispiel, aber sie bleibt farblos, weil die inneren Bilder blass sind. Es fehlt das Staunen über das Kleinerwerden, es fehlt der feierliche Rahmen beim Zwergenkönig.

Ein paar nützliche Tipps

Wiederholungen

Manche Erzählabschnitte werden dadurch eindrücklich, dass sich bestimmte Bilder oder auch bestimmte Formulierungen wiederholen. In unserer Geschichte ist es die Stelle des Kleiner- und Größerwerdens, die ähnlich berichtet wird, besonders, was die Formulierung des Zauberspruches angeht.

Der Zwerg murmelte ein Zauberwort, das nur Zwerge kennen. Es klang wie „Schazamu" o. ä. Sofort fing unser Herr Hochnase zu schrumpfen an. …

Der Zwerg murmelte etwas wie „Umazasch" o. ä., was wahrscheinlich „Schazamu" rückwärts gesagt war. Unser Herr Hochnase wuchs und wuchs. …

Wiederholungen sind ein beliebtes Stilelement bei Erzählungen, geben sie doch den Zuhörern die Vorstellung, sich auch schon ein Stück weit in der Erzählung auszukennen und Bescheid zu wissen. In unseren ältesten Erzählungen, den Märchen, tauchen sie immer wieder auf, oft in gereimter Form. Wer kennt nicht das

„Spieglein, Spieglein an der Wand,
wer ist die Schönste im ganzen Land?"

oder ähnliche Verse. Hier geht die Vertrautheit mit dem Text bald so weit, dass zuhörende Kinder solche Wiederholungsverse automatisch mitsprechen. Das ist eine gute Form der Mitbeteiligung, die (anders als die Zwischenfragen) die inneren Bilder nicht zerstört, sondern verstärkt.

Auch wer wichtige Botschaften einer Geschichte betonen will, kann gezielt Wiederholungen einsetzen. Bei biblischen Geschichten ist das ein häufiges Stilmittel.

„Was treibst du dich mit diesem Pack herum, Rabbi Jesus? Sie haben den Heilsweg verlassen. Sie sind verloren."

„Zu den Verlorenen will ich gehen."

„Mit ihnen will kein Gerechter etwas zu tun haben."

„Zu den Verlorenen will ich gehen. Meint ihr etwa, sie sind es nicht wert? Passt auf, ich erzähle eine Geschichte: Ein Mann hatte hundert Schafe. Eins ging verloren. ..."

Mit einer solchen Einleitung ist das Thema der Geschichte deutlich.

Zeitlupe

Ein weiteres Stilmittel ist das Erzählen „in Zeitlupe", bei dem die Handlung „zerdehnt" wird. Kleine Pausen im Erzählfluss verstärken den Effekt.

Der Zwerg murmelte: „Scha-za-mu." Da spürte Herr Hochnase ein Kribbeln in den Beinen. Was war das? Sollte er denn wirklich ...? Das Kribbeln wurde stärker. Und tatsächlich! Herr Hochnase wurde immer kürzer ... und dünner ... und kleiner.

Erzählen in Zeitlupe verstärkt die Spannung und steigert die Aufmerksamkeit der Zuhörenden. Bei sehr spannenden Geschichten, etwa bei den berühmten Gruselgeschichten am Lagerfeuer, kann die Spannung durch die Zeitlupe „ins Unerträgliche" steigen. Aber auch, wenn „gewichtige" Sätze einer Geschichte gesagt werden, kann vorher eine Zeitlupe hilfreich sein.

Allerdings ist es ein Stilmittel, das sparsam anzuwenden ist, weil es sonst leicht langweilig wird.

Zwischenrufe

Manchmal kommen Zwischenrufe aus dem Publikum, die einen völlig aus dem Konzept bringen können.

„Das gibt es doch gar nicht!", ruft ein Kind, wenn Herr Hochnase klein gezaubert wird. Was tun? Den Zwischenruf ignorieren und weitererzählen? Dann ist die Gefahr groß, dass das Kind sich in seinem Frust noch einmal und lauter meldet. Unterbrechen und diskutieren? Dann ist der Faden gerissen, die Geschichte entzaubert. Am besten scheint es mir zu sein, den Zwischenruf in die Geschichte einzubauen.

Tatsächlich ... Er wurde kürzer ... kleiner, immer kleiner ...

– „Das gibt es doch gar nicht!" –

„Das gibt es doch gar nicht", dachte Herr Hochnase, „niemand kann mich kleiner zaubern." Aber wie sehr er sich auch wunderte – es war so: Er wurde immer kleiner.

Nicht immer gelingt es, den Zwischenruf so aufzugreifen. Es verlangt viel Routine beim Erzählenden und eine nicht-destruktive Absicht des Zwischenrufers. Wenn eine Geschichte absichtlich gestört werden soll, ist man allerdings machtlos.

Auch der spontane Zwischenruf „Zum Geburtstag bekomme ich aber ein Fahrrad" ist schwer einzubauen. Offensichtlich habe ich es vorher nicht geschafft, meine Zuhörer mit der Erzählung so in den Bann zu ziehen, dass sie sogar das Fahrrad vergessen.

Es soll nicht verschwiegen werden, dass es Erzähltheorien gibt, die geradezu fordern, die Zuhörenden aktiv an der Erzählung zu beteiligen. Sie werden mit Zwischenfragen aufgefordert, sich selber zu äußern oder auch den Weitergang der Geschichte selber zu erfinden. Das sieht dann z. B. so aus:

Die alte Frau hatte einen Garten, der war so wunderschön, wie Sabine noch nie einen gesehen hatte. Die Blumen leuchteten bunt, und von der Bank aus, auf die Sabine sich setzte, sah sie auf ein Beet voll mit rotem Mohn. Und was das Schönste war: Neben der Bank saß eine weiße Katze und schnurrte.

Habt ihr auch schon mal einen so schönen Garten gesehen? Erzählt doch mal!

Der letzte Satz tut weh. Er reißt die Zuhörenden aus den Bildern heraus, die ich gerade entwickle, und zwingt sie zu überlegen. Natürlich antworten Kinder auf eine solche Frage: „Wir haben zu Hause auch ..." Oder: „Meine Oma hat auch eine Katze." Oder Ähnliches. Aber wie komme ich wieder zu Sabine zurück?

Erzählungen sind etwas anderes als ein Gespräch. Sie leben davon, dass ich in ihren Bildern bleibe. So wertvoll es auch sonst sein mag, Kinder in ein Gespräch zu ziehen und von sich erzählen zu lassen – die Erzählung geht dabei kaputt. Die inneren Bilder sind empfindlich. Vermeiden wir daher, sie von uns aus durch Fragen zu zerstören.

Stecken bleiben

Und stellt euch vor, da kam Herr Hochnase wieder aus dem Loch im Baum heraus, und … und … äh … Die größte Angst des ungeübten Erzählers ist es, den Faden zu verlieren und stecken zu bleiben.

Meistens bleibt man stecken, weil die inneren Bilder nicht mehr präsent sind: Die Angst vor einem Erzählfehler lässt mich überlegen, ob ich nichts ausgelassen habe und wie es weitergeht. Das Überlegen aber ist ein Feind der inneren Bilder. Plötzlich weiß ich nicht mehr weiter. Doch auch geübten Erzählern passiert das. „Wo bin ich hier, was erzähle ich eigentlich?", denke ich, während mich alle erwartungsvoll anschauen.

Häufig wird dann der Fehler gemacht, dass man das Steckenbleiben verbalisiert („Oh, jetzt habe ich den Faden verloren, Moment mal …").

So gut es natürlich normalerweise ist, eine Unsicherheit auch zuzugeben und nicht zu verstecken, so hat sie hier doch den fatalen Effekt, dass die Zuhörenden aus ihren inneren Bildern herausgerissen werden. Es wird dann für alle schwer, wieder in den Fluss der Geschichte einzutauchen.

Besser ist es in so einer Situation, einfach zu schweigen. Während die Zuhörer einen erwartungsvoll anschauen, merken sie vom Steckenbleiben noch nichts. Das Schweigen steigert die Spannung und ich habe erst einmal Zeit, meine Gedanken und Bilder zu ordnen. Eine halbe Minute kann ich ungestört überlegen und den Faden wieder aufnehmen. Die Bilder stellen sich in dieser Zeit wieder ein, die Zuhörer sind voller Erwartung und ich kann weitererzählen.

Der Schatz im Acker

Beispiel aus einem Erzählseminar

Exemplarisch für die Arbeit mit den bisher gezeigten Erzählregeln möchte ich jetzt von einem Erzähl-Lern-Seminar berichten, das ich für Mitarbeiterinnen und Mitarbeiter in den Kindergottesdiensten zu der Geschichte vom „Schatz im Acker" durchgeführt habe:

Das Himmelreich ist gleich einem verborgenen Schatz im Acker, welchen ein Mensch fand und verbarg ihn und in seiner Freude darüber geht er hin und verkauft alles, was er hat, und kauft den Acker. (Matthäus 13,44)

Reaktion der Teilnehmer und Teilnehmerinnen des Seminars:

„So eine Geschichte kann man doch nicht erzählen! Das ist ja viel zu kurz, da passiert doch gar nichts."

„Und dann gibt es da so schwere Worte. Was heißt denn 'Himmelreich'? Und warum nimmt der Mann den Schatz nicht gleich mit?"

Bevor wir uns in diese Fragen vertiefen, werden alle aufgefordert, innere Bilder zu der Geschichte zu entwerfen. Wie sieht wohl der Mann aus, der den Schatz fand?

– Bei mir ist er ein junger, kräftiger Kerl.
– Nein, er ist alt, er schafft die Arbeit kaum noch.
– Er sieht arm und zerlumpt aus.
– Er ist bestimmt ganz erschöpft.
Wieso?
– Weil er in der Hitze arbeiten muss.

Und was arbeitet er?
– Er pflügt, wahrscheinlich mit einem Ochsen vor-
weg.
– Nein, er gräbt mit dem Spaten um.
– Er hackt den steinigen Boden.

Dann erzählt doch jetzt, wie der Mann auf dem
Acker arbeitet!

*Mit seiner spitzen Hacke stößt der Mann immer wie-
der in die Erde, Stück für Stück, Furche für Furche …*
Oder:
*Langsam geht der Mann mit seinem Pflug hinter
dem Ochsen her. Immer wieder muss er den Pflug
nach unten drücken, damit die Erde auch wirklich
aufgerissen wird. Wie soll sonst hier das Korn wachsen?*
Oder:
*Noch einmal stößt der Spaten in die Erde. „Gleich
bin ich fertig. Hoffentlich zahlt der Besitzer auch
einen ordentlichen Lohn."*
Oder:
*Heiß! Gnadenlos brennt die Sonne vom Himmel.
In dieser Hitze arbeiten! Doch der Acker muss heute
Abend fertig umgegraben sein. Immer weiter schiebt
sich der Pflug durch die Erde. Da, plötzlich stockt
er …*
Alle Erzählerinnen und Erzähler haben ihr eigenes Bild und alle Bilder sind möglich. Sie engen
nicht ein, sondern geben der Geschichte die jeweils
eigene Farbe.
„Es tut gut zu wissen, dass ich mein eigenes Bild
erzählen darf und nicht immer fragen muss, ob es
richtig ist."

Wir schauen das nächste Bild an! Wie sieht der Mann aus, wenn er den Schatz findet? Wir spielen diese kleine Szene, um es uns besser vorstellen zu können.

Geht durch den Raum! Tut so, als ob ihr den Acker bearbeitet. Wenn ich den Gong schlage, seht ihr den Schatz. Wie steht ihr dann da?

Zwanzig Personen gehen durch den Raum. Sie bearbeiten den Acker. Gong! Erstarrtes Erstaunen. Ungläubige Blicke starren auf einen imaginären Schatz. Einzelne Laute sind zu hören: „Oh!" – „Wahnsinn!" – „Das gibt es doch nicht!" Offene Münder. Gong!

Dieses Bild des Erstaunens habt vor Augen und beschreibt es, wenn ihr erzählt!

So entstehen kleine Erzählungen von diesem Teil der Geschichte:

Vorsichtig zog er mit seinem Pflug eine neue Furche.

„Bald bin ich fertig mit der Arbeit", dachte er. Da stockte der Pflug.

„Schon wieder ein Stein im Boden. Hoffentlich nicht wieder so ein großer."

Der Mann beugte sich zur Erde. Doch was war das? Ein Krug, eine Vase? Seine Hand griff hinein in das Gefäß und kam mit einer Hand voll Münzen wieder zum Vorschein. Goldene Münzen, die in der Sonne funkelten!

Ein Schatz, ein unermesslich großer Schatz!

Stumm starrte der Mann auf die funkelnde Pracht. Er konnte nicht begreifen, was er sah. Tausend Gedanken schwirrten durch seinen Kopf. Er stand wie versteinert. Doch dann, in einem plötzlichen Entschluss, steckte er die Münzen zurück in den Krug. ...

Oder:

Der Spaten stößt an etwas Hartes. Was ist das?
Eine kleine Kiste kommt zum Vorschein. Vorsichtig
öffnet sie der Mann.

„Das gibt es doch nicht. Unglaublich!"

Immer wieder starrt er in die Kiste. Perlen … gol-
dene Münzen … Schmuck.

Ein Schatz, ein richtiger Schatz. Unglaublich.

Doch nun gibt es die ersten Einwände:

- Mit dieser Art des Erzählens sind wir zu sehr auf
  Effekte aus. In der Geschichte geht es um We-
  sentliches, um das Reich Gottes, nicht um er-
  staunte Gesichter.
- Wie kann man das Reich Gottes besser beschrei-
  ben als mit „Oh!"
- Mir gefällt dieses Ausmalen. Es gibt der Ge-
  schichte Farbe.
- Aber in der Bibel steht nichts von Spaten und
  Sonne und Erschöpfung.
- Das ist ja das Besondere an Geschichten, dass sie
  immer nur in Bildern gedacht werden können.
  Abstrakte Aussagen („Das Reich Gottes ist groß-
  artig") werden zu einem „Oh!", das ein Mann sagt.
- Mir kribbelt es jedes Mal im Bauch, wenn diese
  Szene erzählt wird, egal von wem.

Aber auch ganz neue Einwände werden geäußert:

- Warum kommen immer nur Männer vor? Kann
  nicht eine Frau den Schatz finden?
- *(unterdrücktes Stöhnen)* Schon wieder diese femi-
  nistische Besserwisserei!

- Für die Geschichte ist es doch belanglos, ob Mann oder Frau den Schatz findet.
- Es war damals ja undenkbar, dass eine Frau alles verkaufen konnte, um einen Acker zu kaufen. Also, lass die Geschichte mal so, wie sie ist.
- Es würde aber gerade das Provokante der Erzählung besonders deutlich: Die Frau tut es einfach, obwohl es unmöglich ist.
- In meiner Vorstellung würden Frauen ganz anders handeln, nicht so berechnend wie der Mann.
- Wieweit dürfen die inneren Bilder denn die Geschichte verändern? Darf ich tatsächlich eine Frau „erfinden", die dann ganz anders handelt als der Mann?

Auf diese letzte Frage lautet die Antwort: In der Regel nicht, sonst würde ich tatsächlich eine andere Geschichte erzählen. Nur wenn die Erzählung gut bekannt ist – wie jetzt in unserem Kreis – kann eine solche Veränderung auch mal sinnvoll sein.

In einem zweiten Schritt geht es um die Anwendung von wörtlicher Rede:
- Aber das geht doch gar nicht. Die gibt es in der Geschichte ja nicht!
- Aber vielleicht könnte man sie einfügen. Der Mann fasst ja den Plan, den Acker zu kaufen.
Erzählt!

„Nun habe ich den Schatz gefunden", denkt der Mann, „und darf ihn nicht behalten. Er gehört mir gar nicht. Er gehört dem Besitzer des Ackers. Aber ... nun ja, wenn ich ... Das ist eine Idee! Wenn ich den Acker kaufe, dann gehört mir auch der Schatz."

Oder:

Keiner darf den Schatz sehen. Keiner darf wissen, dass ich davon weiß. Einfach mitnehmen – nein, das geht nicht. Das wäre Diebstahl. Was mache ich bloß? Ach, ich weiß ...

Oder:

Wahnsinn! So ein Schatz! Ich muss ihn haben. Ich kauf den Acker. Den ganzen Acker. Sofort. Mit allem, was darin, darauf, darunter ist. Dann ist der Schatz mein, mein, mein ...

Ich kann mir auch denken, dass er das nicht einfach sich selbst erzählt, sondern zum Beispiel seiner Frau. Schließlich muss er die ja auch überzeugen, wenn er alles verkaufen will.

Erzählt!

„Hör mal, ich muss dir unbedingt erzählen, was ich heute beim Pflügen gefunden habe. In dem Acker ist ein Schatz!"

„Wie? Was? Ein Schatz? Das gibt es doch nicht."

„Doch! Ich habe ihn mit eigenen Augen gesehen. Er ist wunderbar. Ich habe ihn schnell wieder vergraben."

„Wieso?"

„Weil er mir nicht gehört. Aber ich habe eine Idee: Wir kaufen den ganzen Acker, dann ist auch der Schatz unser."

„Wo willst du denn so viel Geld herbekommen, um einen ganzen Acker zu kaufen?"

„Wir verkaufen, was wir haben. Alles."

„Unmöglich."

„Unsere drei Schafe. Die Töpfe in der Küche. Die Vorräte im Kellerraum ..."

„Mann, komm zu dir!"

„Aber dann, dann haben wir einen ganzen Schatz!"

Die Kinder kommen dazu: „Nein, Papa, unsere Spielsachen darfst du aber nicht verkaufen."

Diese Erweiterung ist sicherlich eine anschauliche Gesprächsidee. Es wird daran aber auch eine Gefahr deutlich: Die Bilder können ausufern. Plötzlich wird aus dem „Schatz im Acker" die Geschichte einer Ehekrise.

Trotzdem ist es als Ausschmückung des unglaublichen Satzes „Er verkaufte alles" nicht verkehrt, die Familie des Mannes mit einzubeziehen.

Nach dieser Vorbereitung stelle ich die Frage: Wer erzählt jetzt einmal das ganze Gleichnis im Zusammenhang?

Es entsteht eine längere Pause, bis sich dann doch jemand traut und anfängt:

Heute sollt ihr eine Geschichte hören, die Jesus erzählt hat:

Da war einmal ein Mann, der fand einen Schatz im Acker. Einen tollen Schatz. Gold und Edelsteine funkelten in der Sonne. Der Mann staunte. Aber behalten durfte er den Schatz nicht. Nein, da müsste ihm der ganze Acker gehören. Schade.

Aber wenn er nun den Acker kauft? Unmöglich, er hat doch gar nicht so viel Geld. Schade.

Und wenn er alles verkauft, was er so hat? Seine Einrichtung zu Hause? Seine Tiere? Dann gehört ihm der Acker. Und der Schatz natürlich auch.

So machte er es. Er verkaufte alles. Er kaufte den Acker. Und freute sich. Er freute sich ganz doll, dass ihm der Schatz gehört.

In einem anschließenden Gespräch konnten sich die Zuhörenden zu der Geschichte äußern:

- *(Erzähler)* Bin ich froh, dass ich fertig geworden bin. Ich habe noch nie frei erzählt.
- Aber es war doch schön. Vor allem diese Überlegung, ob er alles verkauft.
- Vielleicht hättest du es als richtiges Selbstgespräch machen sollen. Nicht: Wenn er alles verkauft, sondern: ICH verkaufe alles.
- Der Schluss kam auch etwas schnell. Ich dachte: Ach, schon fertig?
- *(Erzähler)* Ich wollte ja auch schnell fertig sein.
- Warum? Lass dir doch Zeit. Wiederhole alles, was er verkauft, wie er sich freut, als er den Schatz wiedersieht.
- Aber das wird doch langweilig.
- Das kommt dir so vor, weil du die Geschichte schon so genau kennst, weil wir sie hier so oft besprochen haben. Wer zum ersten Mal zuhört, braucht viel mehr Zeit. Wer mag denn jetzt mal erzählen?

Eine Geschichte vom Himmelreich

Ein Mann geht über den Acker. Er sieht einen Schatz. Da zwischen den Steinen glitzert es. Ein richtiger Schatz.

Darf er ihn einfach nehmen? Nein, natürlich nicht! Dann wäre er ja ein Dieb. So beschließt er, den Acker zu kaufen. Dann gehört ihm auch der Schatz. Aber was muss er nicht alles aufgeben, um seinen Kauf zu tätigen! Seine schönsten Sachen! Sein ganzes Hab und Gut. Alles verkauft er.

Aber der Schatz ist wertvoll. Dafür muss man schon etwas opfern. Einfach etwas finden und behalten, das geht nicht. Aber wenn man sich anstrengt und etwas opfert, dann bekommt man viel mehr zurück.

Der Mann hat den Acker gekauft. Jetzt ist er ein armer Schlucker. Aber einen Schatz hat er, einen Herzensschatz: das Himmelreich. Das ist mehr als Geld und Gold. Dafür lohnt es sich, alles zu geben.

– Wo ist denn die Geschichte? Das war eine Predigt!
– Mir sind nur am Anfang einige Bilder gekommen, aber bald verblasst.
– Wann denn?
– Da gab es bald so ein paar Moralsätze. Man muss etwas opfern oder so. Da habe ich abgeschaltet.
– *(Erzählerin)* Aber es stimmt doch. Niemand findet einen Schatz einfach so.
– Egal ob es stimmt oder nicht – es ist bei dir keine Erzählung gewesen, sondern eine moralische Auslegung. Am Schluss war der Schatz gar kein Schatz mehr, sondern irgendetwas Abstraktes.
– *(Erzählerin)* Ich möchte nicht von Geld und Gold reden, das haben wir sowieso zu viel. Das Himmelreich möchte ich damit nicht verbinden.
– Dann erzähle diese Geschichte nicht.
– Aber „der Schatz" ist doch ein Symbol für etwas Kostbares, Wertvolles. Deswegen passt er zum Himmelreich. Wenn er Aktien von Mercedes gefunden hätte, könnte ich deine Bedenken besser verstehen.
– In deiner Geschichte gibt es keine wörtliche Rede.

– Und sie macht ein schweres Gefühl: Es gibt nichts umsonst. Und das bei dieser Geschichte!

Die nächste Erzählerin lässt den Schatz selbst reden:

Ich bin ein Schatz. Ein Schatz aus Gold und Edelsteinen. Tief verborgen liege ich in der Erde. Kein Sonnenstrahl erreicht mich. Kein Auge erblickt mich, bis ich eines Tages entdeckt werde. Hier liege ich und warte darauf.

Tatsächlich. Heute ist es soweit. Ich spüre etwas Spitzes und dann eine Menschenhand. Und jetzt das Sonnenlicht, blendend hell. Ich funkele und glitzere. Ich höre jemanden reden: „Das gibt es doch nicht. Solch ein Schatz!"

Plötzlich ist die Erde wieder um mich herum. Kein Sonnenlicht. Mag der Mensch mich nicht? Warum tut er mich zurück in die Erde? Konnte er meine Strahlen nicht mehr aushalten? Oh weh, muss ich nun wieder ewige Zeiten in der Erde liegen? Ich wollte doch den Menschen zur Freude verhelfen und nun liege ich wieder hier und warte …

Ich spüre wieder etwas Spitzes an mir, dann wieder eine Menschenhand. Es hat mich wieder jemand gefunden. Werde ich diesmal besser gefallen? Ich strahle und glitzere im Sonnenlicht. Ich höre: „Solch ein Schatz!" Diese Stimme kenne ich doch. Das ist doch derselbe Mensch wie vorhin!

„Solch ein Schatz! Und jetzt gehörst du mir!"

Ich spüre seine zärtliche Hand auf mir, die mich zaghaft streichelt. „Alles habe ich gegeben und den ganzen Acker gekauft. Jetzt gehörst du mir. Mein Schatz!"

Ich glitzere und funkele. Ich bin glücklich.

- Huch, war das dieselbe Geschichte, die wir die ganze Zeit behandelt haben?
- Das war ja eine völlig andere Sicht. Und ganz andere Bilder.
- Ganz schön gruselig, so in der Erde zu liegen und zu warten.
- Warum hast du das so gemacht?
- *(Erzählerin)* Wir haben uns so lange mit der Geschichte beschäftigt, dass es mich reizte, sie einmal ganz anders zu sehen.
- Was ändert sich durch diese neue Sichtweise?
- Ich hatte richtiges Mitleid mit dem Schatz, als er wieder eingegraben wurde.
- Der Schatz wurde wertvoll, unglaublich wertvoll.
- Nein, mir gefällt diese Erzählung nicht. Die biblische Geschichte wird ein Märchen. Schätze können doch nicht denken und fühlen.
- Mein Schatz schon. Märchen enthalten mehr Wahrheit als manche realistische Erzählung.
- Das versteht doch keiner.
- Wir haben es hier verstanden. Wir hatten sogar Mitleid mit dem Schatz.
- In deiner Erzählung wurde aber nicht deutlich, wie sehr der Mensch sich anstrengt, um den Acker zu besitzen.
- Das ist richtig. Die Bilder waren auf den Schatz fixiert.
- *(Erzählerin)* Ich würde die Geschichte wohl nicht so erzählen vor Zuhörern, die sie noch gar nicht kennen. Aber hier, in unserer Runde, da hat es mich gereizt.
- Mir gefällt auch, dass du nicht von einem Mann, sondern von einem Menschen gesprochen hast. Wer mag jetzt noch einmal erzählen?

Dies ist eine von den Geschichten, mit denen Jesus das Reich Gottes beschreibt:

Mittagshitze. Sonnenglut. Ein Mann geht über den Acker. Mit schweren Schritten stapft er seinen Weg. Längst ist alles abgeerntet, nur noch trockene Erde und Steine. Da stößt der Fuß des Mannes an etwas Hartes. Ein feines Klirren ist zu hören. Der Mann stockt in der Bewegung. Was für ein Klirren?

Langsam bückt er sich, schaut nach unten. Ein paar Münzen blitzen in der Sonne. Daneben ein Krug. Er fasst in den Krug, holt eine ganze Hand voll Münzen und Edelsteine heraus. Sie blinken und funkeln in der Sonne. Der Mann schaut wie im Traum, er schüttelt den Kopf.

„Großartig! Ich kann es nicht glauben."

(Schneller:) Dann greift er plötzlich die Münzen, stopft sie zurück in den Krug, legt einen Stein dazu, ein paar trockene Pflanzen darüber. Nichts ist mehr zu sehen.

„Ich muss den ganzen Acker kaufen. Sonst darf ich den Schatz nicht behalten. Was für ein großartiger Schatz!"

Die ganze Müdigkeit ist von ihm gewichen. Fast rennt er den Weg zurück zum Dorf. Beim dritten Haus hält er an, tritt ein. (Wieder langsamer:)

„Ich grüße dich, Daniel."

„Sei auch gegrüßt. Was führt dich in mein Haus?"

„Der Acker da draußen vor dem Dorf, er gefällt mir. Ich will ihn kaufen."

„Du willst meinen Acker kaufen? Was ist in dich gefahren? Woher hast du das Geld? Und was willst du damit?"

„Großartig, einmalig ist er, der … Acker. Was ist sein Preis?"

„Nun, wenn du ihn großartig findest – das Korn wächst reichlich dort. Hundert Silberlinge soll er schon kosten."

„Das ist nicht wenig. Ich muss alles verkaufen dafür."

„Das mag wohl sein. Aber du hast doch sieben Schafe. Wenn du mir die gibst ..."

„Dann?"

„Dann bleiben nur noch dreißig Silberlinge übrig."

„Du bist ein Halsabschneider. Aber ich werde dir die dreißig auch noch bringen. Morgen. Und dann gehen wir zum Richter und machen den Kauf perfekt."

Der Mann geht nach Hause. Krüge und Kannen kann er verkaufen. Das Fell, auf dem er nachts liegt. Den Vorrat an Öl und die Karaffe mit Wein.

„Der Schatz!", denkt der Mann. „Der Schatz ist unermesslich schön. Ich will ihn haben. Unbedingt." Das große Tuch kann noch verkauft werden. Selbst die warme Jacke für die Winterzeit.

Am nächsten Morgen wird der Kauf perfekt gemacht.

Mittagshitze. Sonnenglut. Der Mann geht auf seinen Acker. Er räumt den Stein und die Pflanzenreste beiseite. Er greift in den Krug und holt die Münzen und Edelsteine heraus. Sie funkeln in der Sonne. Er holt mehr und mehr heraus. Ein glitzerndes Farbenspiel, tausendfach.

„Mein Schatz!", sagt der Mann. „Mein toller Schatz!"

Schweigen im Seminarraum. Erst langsam kommen die Zuhörer wieder zurück vom Acker in die nüchterne Wirklichkeit des Seminarraumes. Es gibt Applaus für die Erzählerin.

- Das war ja toll!
- Du hast ganz andere Bilder gehabt als ich, aber ich konnte mir deine genau vorstellen.
- Der Mann hat ja gar nicht gegraben. Er fand den Schatz per Zufall.
- Und du hast nicht die Auseinandersetzung mit der Familie gebracht, aber die Verhandlung mit dem reichen Daniel.
- Gab es das denn damals in Israel, einen alleinstehenden Mann ohne Familie?
- Egal. Das ist für die Erzählung belanglos.
- Mir fiel auf, dass der Mann gar nicht ausgerechnet hat, wie viel der Schatz wert ist. Er hat gar nicht überlegt, dass er seine Schafe dann zurückkaufen kann.
- *(Erzählerin:)* Das habe ich mit Absicht so gemacht. Ich wollte aus der Geschichte kein Beispiel für raffinierte Geldvermehrung machen, sondern für die Liebe zu einem einmaligen Schatz.
- Da passt ja dann auch der Satz „Ich kann es nicht glauben", als er den Schatz fand. Der war schön doppeldeutig.

Und was kommt nach dem Erzählen?

Die Geschichte ist erzählt. Alle haben gebannt zugehört, mitgezittert, sich mitgefreut. Nun kommt man langsam wieder in die Gegenwart zurück.

„Und dann?", fragen viele. „Was mache ich dann? Nun muss ich doch irgendetwas mit der Geschichte machen."

Besonders Lehrerinnen und Lehrer fragen so, die im Geiste ihre Schulklasse sehen und die Schulstunde, die noch dreißig Minuten dauert.

„Und dann?" kann vieles heißen. Manche meinen damit: Das kann doch nicht genug sein. So eine Erzählung ist ja ganz nett. Aber dann muss doch die eigentliche Arbeit kommen, damit die Geschichte auch verstanden wird.

Wer so denkt, der hat keine hohe Meinung von seinem Erzählen. Verstehen wir Geschichten nur, wenn wir daran „arbeiten", sie deuten und analysieren? Ich setze dagegen, dass eine Geschichte emotional wirkt und damit ein wesentliches Verstehen gegeben ist. Und deswegen kann und soll es durchaus so sein, dass eine Geschichte einfach so erzählt wird, ohne dann bearbeitet werden zu müssen.

Etwas anderes ist es, wenn die Zuhörenden von sich aus die Geschichte anschließend kommentieren:
– Das war aber toll, wie …
– So etwas Spannendes wie …
– Warum hat der denn nur …

Hier artikulieren sich die Emotionen, hier wird die eigene Betroffenheit in Worte gefasst. Es ist gut, dafür immer Raum zu lassen. Oft ist das Erlebnis aber so stark, dass erst einmal gar nichts gesagt wird.

Auch das Schweigen kann ein guter Kommentar sein. Bei erwachsenen Zuhörern ist es schön, eine Musik nach dem Erzählen zu spielen, bei der jeder seinen Gedanken nachhängen kann.

Für den schulischen Bereich und den Kindergottesdienst bleibt die Frage, warum eine Geschichte eigentlich immer an den Anfang der Stunde gesetzt wird. Eine solche Zeiteinteilung provoziert natürlich gerade die Frage nach dem „Und dann?".

Oftmals ist es daher günstiger, die Geschichte als Stundenabschluss einzusetzen. Mögliche Fragestellungen können in allgemeiner Form vorher diskutiert werden und erhalten in der Erzählung dann eine Antwort. (Das ist auch die Art, wie Jesus seine Gleichniserzählungen gebraucht hat: als Antwort auf eine Problemstellung, die vorher von seinen Gegnern aufgebaut wurde.)

Darüber hinaus können Erzählungen auch „einfach so" am Ende einer Schulstunde oder Gruppenstunde stehen. Wenn diese Praxis noch ritualisiert wird (jeden Dienstag und Donnerstag gibt es eine Abschlusserzählung), freuen sich die Kinder schon vorher darauf. Die Geschichte wird so zu einem „kulturellen Geschenk", das einfach aus Freude am Zuhören genossen werden kann – ähnlich wie wir Erwachsenen uns manchmal einen Musikgenuss gönnen, ohne über die Feinheiten der Harmonielehre diskutieren zu wollen.

Trotzdem bleibt die Frage, was nach einer Erzählung passiert, noch für viele Situationen offen. In der Tat gibt es ja Möglichkeiten, eine Erzählung nachzugestalten und dabei ihre Bilder und Emotionen zu vertiefen. Das vielfach benutzte „Jetzt malen wir ein Bild zur Geschichte" geht ja in diese Richtung, ist aber leider doch sehr überstrapaziert.

Drei andere Vorschläge möchte ich hier zumindest skizzenartig wiedergeben:

Geschichten gestalten mit Tönen und Klängen

Eine schöne Möglichkeit zur Vertiefung der Erlebnisse bei Erzählungen ist es, die Geschichte in einem zweiten Durchgang mit verschiedenen Instrumenten (vorwiegend Orff-Instrumente) zu begleiten. Dieser zweite Durchgang kann kürzer und karger gestaltet werden, weil die Instrumente alleine schon viele innere Bilder hervorrufen.

Vor der Nachgestaltung der Geschichte ist es hilfreich, die Instrumente zu verteilen, sich mit ihnen vertraut zu machen und auch für kurze Zeit etwas Lärm zuzulassen. Anschließend werden die Instrumente nacheinander einzeln gespielt und überlegt, zu welcher Person der Geschichte, zu welcher Szene sie jeweils passen. Starke Personen erhalten laute und markante Instrumente, etwa die Pauke. Zarte Personen werden mit kleinen Metallinstrumenten, etwa den Triangeln, unterstützt. Auf- und Abwärtsbewegungen hören wir auf dem Glockenspiel oder – etwas erdverbundener – auf dem Xylophon.

Für geheimnisvolle Situationen, für Träume und für den Wind lassen sich leicht Töne finden. Auch kurze Lieder, Kanons, Refrains, rhythmisches Sprechen können wie ein Instrument von allen eingebracht werden.

Eine genaue Zuordnung ist wichtig, um nachher nicht alles in einem Geräuschebrei untergehen zu lassen. Deshalb kommen auf den Erzählenden auch noch Dirigenten-Aufgaben zu. Es werden einige Sätze erzählt, um dann eine Pause zu machen, in der die entsprechenden Instrumente auf ihre Art das Gehörte erzählen, dann wird wieder weitergesprochen usw.

Für größere Gruppen und Schulklassen empfiehlt es sich, in zwei Teilgruppen zu arbeiten, von denen jeweils eine mit geschlossenen Augen nur zuhört.

Als ein Beispiel aus der Seminararbeit wird eine Vertonung der biblischen Weihnachtsgeschichte wiedergegeben, die wir mit viel Vergnügen so ausprobiert haben:

Es begann mit dem Befehl des Kaisers:	*Trommelschläge*
„Die ganze Bevölkerung soll gezählt werden."	*1, 2, 3, 4, …* *(laut zählen)*
Dazu mussten sich alle Menschen auf den Weg machen in ihre Geburtsstadt.	*trampeln*
Da machten sich auch Josef auf und Maria. Die war schwanger.	*Glockenspiel c′* *Glockenspiel e′* *Glockenspiel g′′*

In einem Stall
gebar sie ihren ersten Sohn.

*Glissando auf
dem Glockenspiel,*

Und es war so wenig Platz,
dass sie ihn in eine
Futterkrippe legen mussten.

Kerze in die Mitte

Draußen auf den Feldern
hüteten Hirten ihre Schafe.

*Xylophon,
Holzstäbe*

Da umstrahlte sie plötzlich
Gottes Klarheit
und ein Engel sprach:
Fürchtet euch nicht!
Euch ist heute der Heiland
geboren.
Und da war die Menge der
himmlischen Heerschaaren.
Die lobten Gott.

Röhrenglocken

Triangel

Glockenspiel g''

viele Triangeln

Da machten sich die Hirten
auf und sie fanden Maria und
Josef, dazu das Kind.

*Xylophon,
Holzstäbe
c' und e' und g''*

Und die Hirten erzählten
weiter, was sie erlebt hatten.
Aber Maria behielt alle ihre
Worte in ihrem Herzen.

*Holzstäbe
Xylophon*

e'

... mit Farben und Symbolen

(nach einer Idee von Franz Kett)

Eine weitere Möglichkeit ist die Vertiefung mit farbigen Tüchern, die in der Stuhlkreismitte ausgebreitet werden. Auch Naturmaterialien, Edelsteine oder kleine Figuren können benutzt werden. Die Tücher haben den Vorteil, dass sie einen kräftigen Farbeindruck geben, mit dem man sowohl einen „emotionalen Eindruck" gewinnen als auch einfach ein Stück Landschaft gestalten kann, in der sich die Personen der Geschichte bewegen. Die Zuhörenden werden mitbeteiligt, indem sie bei der Ausgestaltung der Mitte jeweils nach Anweisung tätig werden.

Manchmal werden auch Gegenstände im Kreis herumgereicht, die befühlt werden – etwa ein Dornenzweig bei dem Märchen von Dornröschen, der nacheinander von allen ertastet und dann in die Kreismitte abgelegt wird.

Diese ruhige, fast meditative Gestaltungsart ist besonders im Vorschulbereich und dann später bei Erwachsenen wieder sehr beliebt. Auch hier sei ein Beispiel aus der Seminararbeit gegeben, die Erzählung von den Träumen des Pharao (1 Mose 41), für Vorschulkinder vorbereitet.

Das Land Ägypten ist heiß.
Die Sonne brennt, nur selten fällt Regen.
Die Erde ist braun, keine Pflanze wächst. Es gibt zu wenig Wasser.

Aus mehreren braunen Tüchern wird „Ägypten" gelegt.

Ein großer Fluss fließt
durch Ägypten. Er kommt
von weit her und hat immer
genug Wasser.

*Mit einem blauen
Tuch wird ein
Fluss gelegt.*

Neben dem Fluss wachsen
Pflanzen, Gras und Bäume
und Blumen.
Und Getreide, damit es
genug zu essen gibt.

*Neben dem Fluss
mit grünen
Tüchern die „Erde"
bedecken, bunte
Steine, „Blumen"
dazugeben, mit
Weizenkörnern
„Getreide"
anbauen.*

Der Pharao, der König von
Ägypten, sagt: Hier ist es
schön. Hier ich will
meinen Palast bauen.

*Aus Bauklötzen
entsteht der Palast.
Alle bauen mit.*

Da hat eines Nachts der
Pharao einen Traum: „Ich sah
aus dem Fluss sieben starke
Kühe herauskommen.
Danach kamen noch einmal
sieben Kühe, diesmal dürr
und scheußlich.
Und die sieben dürren haben
die sieben fetten Kühe
aufgefressen.

*Der Traum bleibt
unsichtbar, nur
ein Glockenspiel
begleitet die
Traumerzählung,
mit zarten Tönen
und jeweils sieben
markanten
Schlägen.*

O weh, dieser Traum macht
mir Angst!
Was soll er nur bedeuten?"

Da kommt Joseph:
„Ich weiß, was die Träume
bedeuten. Es wird sieben Jahre
geben, stark und prächtig, da
wirst du viel Wasser haben
und Getreide ernten in Hülle
und Fülle. Aber dann kommen
sieben Jahre, dürr und
scheußlich, wo das Wasser
versiegt und nichts mehr
wächst.
Pharao, höre meinen Rat:
Baue große Häuser, sammle
sieben Jahre alles Getreide, was
du anbauen kannst, dann wirst
du sieben Jahre überstehen,
wo nichts wächst."

So geschah es.

Große Lagerhallen wurden
gebaut
und sieben Jahre lang das
Getreide gesammelt.

Palast umbauen
und das angebaute
Getreide ernten.
Sieben Töne
vom Glockenspiel

Und dann begannen sieben
scheußliche Jahre.
Die Blumen blühten nicht
mehr, das Gras verdorrte.
Schließlich verlor auch der
Fluss das Wasser und war
nur noch ein Rinnsal.

„Blumen" und
Tücher entfernen,
braune Erde wird
sichtbar.
Blaues Tuch ganz
klein falten.

„Oh weh!", rufen die Leute,
„nichts wächst mehr. Es gibt
nichts zu essen. Oh weh!"

Da öffnet Joseph die Lager-
räume. „Wir haben
gesammelt," ruft er, „es ist
genug da!"

Palast öffnen,
Körner heraus-
nehmen und
verteilen.

Tatsächlich, es reicht. Genug
für alle. Sieben Jahre lang.
Dann kam das Wasser wieder
und Gras und Getreide und
Blumen.

Sieben Töne vom
Glockenspiel

grüne Tücher,
Blumen und
Körner

Und die Menschen sagten:
„Danke, guter Gott, wir haben
eine schlimme Zeit gut über-
standen."

Kerze in die Mitte

... mit Spiel und Bewegung

In vielen Gruppen werden Geschichten nach dem
Zuhören als Rollenspiel gestaltet. Das Spiel ist eine
gute Möglichkeit, das Gehörte noch einmal nach-
zuempfinden und die inneren Bilder nach außen zu
tragen. Problematisch wird es aber schnell, wenn
das Spiel eine Art Theaterstück wird.

Das hat mehrere Gründe:
– Die Rollenverteilung ist meistens ungerecht. Wer
  bekommt schon seine Lieblingsrolle?

- Die Dialoge erfordern von den Schauspielern ein hohes Maß an sprachlicher Kompetenz, und ein überzeugendes Spiel geht nur bei viel Kreativität der Spielenden oder mit stark reglementierendem Eingreifen.
- Wenn alle mitspielen, fehlt das Publikum.

Um diese Schwierigkeiten zu umgehen, bietet sich ein Spiel nach den Regeln des Ausdrucksspieles („Jeux Dramatiques") an, das einige Besonderheiten hat und das Spielerische viel stärker betont.

1. Jede/r kann seine Lieblingsrolle spielen. Es macht nichts, wenn manche Rollen mehrfach – oder gar nicht – besetzt sind. Alle spielen in der Rolle, die ihnen zusagt, niemand wird zu irgendetwas gedrängt.
Dabei sollen durchaus auch ungewöhnliche Rollen vorkommen („Ich bin der zarte Frühlingswind") bis hin zu solchen, die eigentlich gar nicht zu spielen sind („Ich bin der mutige Gedanke, der Peter kommt, als ..."). Es gibt auch Rollen für diejenigen, die gar nicht mitspielen wollen („Ich bin der Stein, der in der Ecke liegt und alles beobachtet").

2. Wenn alle Rollen festgelegt sind, einige sich auch mit Tüchern und Schminke etwas verkleidet haben, beginnt das Spiel mit der erneuten Erzählung. Gleichzeitig mit der Erzählung bewegen sich die Spielenden. Sie spielen zu dem erzählten Satz, was ihnen jetzt dazu einfällt. Es wird keine Rolle eingeübt, nicht geprobt, nicht geredet, es wird nur aus dem Augenblick heraus gespielt.

Der „zarte Frühlingswind" läuft z. B. mit einem flatternden Tuch durch den Raum und kann Bäume und Blumen umkreisen (falls andere Spieler als Baum und Blume dort stehen). Und wenn Peter den mutigen Gedanken hat, den Schatz aus der dunklen Höhle zu holen, dann wird der Spieler „Mutiger Gedanke" hinter Peter hergehen oder sich auf ihn werfen oder ihn anfassen oder umkreisen oder wie auch immer. Haben wir mehrere, die Peter spielen, so wird er es bei allen machen und muss entsprechend beweglich sein.

Selbst der Stein wird in der Erzählung einmal erwähnt. Das nimmt den betreffenden Spieler mit hinein in das Geschehen, ohne ihn zu einer Aktion zu zwingen.

Diese Art des Spieles hat den großen Vorteil, dass ich mich auf die Bewegung konzentrieren kann und die Sprache und den Ablauf der Handlung der erzählenden Person überlasse, die damit eine große Verantwortung hat. Sie gibt nicht nur die Geschichte wieder, sondern setzt auch die Spielenden ein, reagiert auf Zwischenfälle, dämpft Übermütige und treibt Schüchterne an. Sie übersieht keine Rolle, macht die Spielpausen lang genug und markiert das Ende.

Nach dem Spiel schauen alle zurück auf eine (meistens) sehr lustige Wiedergabe, die die Originalgeschichte etwas abgewandelt hat und trotzdem immer noch ernsthaft und nicht einfach ein Klamauk war.

Frei erfundene Geschichten

Bisher waren wir in allen Überlegungen davon ausgegangen, dass eine Geschichte bereits „vorhanden" ist, die zwar ausgeschmückt werden kann, aber nicht neu erfunden werden muss.

Reizvoll kann es aber auch sein, sich „aus dem Nichts heraus" eine Geschichte zu überlegen und sie zugleich zu erzählen.

„Erzähl uns noch eine Gute-Nacht-Geschichte, sonst schlafen wir bestimmt nicht ein!"

Eigentlich wollte ich gerade meine Steuererklärung fertig machen. Was soll ich nur erzählen? Also:

Es war einmal … (hilfesuchender Blick im Zimmer) … ein Stuhl. Der wollte eine Reise machen.

Vor meinem inneren Auge sehe ich den Stuhl losgehen.

Tap, tap, tap geht er also los. Mit vier Beinen ist das ja auch gar nicht so schwer.

Der reale Stuhl steht aber neben einem Tisch.

„Halt!", ruft der Tisch. „Lieber Stuhl, lass mich nicht alleine. Ich will mit dir gehen." Und schon ziehen die beiden los, die Straße entlang bis zur nächsten Kreuzung.

Ich gehe in Gedanken die Straße vor unserem Haus bis zur nächsten Kreuzung. Dort steht eine große Ampel.

So kommen sie zur Kreuzung. Halt! Die Ampel ist schon wieder rot. Tisch und Stuhl bleiben stehen.

Ich stelle mir die beiden an der Kreuzung vor, ein merkwürdiges Bild. Was sagen die Leute dazu?

Da stehen sie nun. Ein paar Leute kommen dazu.

„Nanu? Ein Stuhl, ein Tisch? Wie bequem! Wollen wir eine Pause machen?" Und schon sitzen zwei Leute auf dem Stuhl (na ja, ein bisschen eng), holen ein Stück Brot aus ihrer Tasche.

Da wird die Ampel grün.

„Los, los", denkt der Stuhl, „wir wollen weiter, wir machen doch eine Reise!" Und er springt auf. Die Leute rutschen runter, der Stuhl rennt über die Straße. Der Tisch hinterher. Das Brot obendrauf.

„Hoffentlich kommen die Leute nicht hinterher", denkt der Stuhl. Aber die Ampel ist schon längst wieder rot. Der Stuhl rennt immer weiter. Der Tisch hinter ihm her.

Ich stelle mir den Anblick vor, er ist ziemlich verrückt.

„Was ist denn das?", rufen die Autofahrer. „Tisch und Stuhl laufen hier auf der Straße. Das ist aber ziemlich verrückt."

Das denkt der Stuhl schließlich auch und biegt ab zur großen Wiese. Der Tisch hinterher.

Wieder sehe ich die Wiese in unserer Nachbarschaft vor mir. Neulich gastierte dort ein Zirkus …

Auf der Wiese steht ein großes Zirkuszelt, ein paar Wohnwagen stehen drum herum, ein großes Zelt für die Tiere. Einige Tiere laufen draußen herum.

Die beiden, Tisch und Stuhl, gehen genau auf den Elefanten zu.

„Vielen Dank!", sagt der Elefant und isst das Brot auf, das immer noch auf dem Tisch liegt. „Ihr kommt mir gerade recht."

Er will sich auf den Stuhl setzen. Der arme Stuhl! Er macht einen Sprung beiseite. Der Elefant sitzt im Gras. „Aua!"

Gibt es denn keine Leute hier beim Zirkus?

Zufällig hat der Zirkusdirektor alles gesehen. „Ein Stuhl, der springen kann? Das ist doch was für meine neue Nummer. Sag mal, lieber Stuhl, willst du nicht heute Abend im Zirkus auftreten?"

Und so kommt es, dass der Stuhl, der Tisch und der Elefant am Abend in der Manege stehen.

Geschichten zu „erfinden" gelingt am besten, wenn die inneren Bilder lebendig sind und einige „unmögliche" Dinge passieren. Ganz beliebt ist es, Gegenstände lebendig werden zu lassen wie in unserer Beispielgeschichte. Auch die Erfindung von Fantasiewesen, die irgendeinen verbotenen Schabernack treiben, bietet Stoff für vielfältige Geschichten. Wichtig bleibt dabei, neben diesen Erfindungen die übrige Umwelt realistisch zu lassen, gerade das macht das Groteske deutlich. Ein paar Fixpunkte der Geschichte – die Ampel, der Zirkus – und eine Idee für das Ende sind gut schon vorher zu wissen.

Manchmal wird versucht, solche Geschichten lehrreich zu machen (Der Stuhl rannte immer auf der rechten Straßenseite und achtete bei der nächsten Straße auf die Vorfahrt von rechts ...). Solche Versuche wirken peinlich.

Das Schwierige an ausgedachten Geschichten ist weniger das Steckenbleiben als vielmehr die überschäumende Fantasie, bei der kein Handlungsablauf mehr deutlich wird und die kein Ende kennt.

Trotzdem: Versuche doch einmal, einfach so zu erzählen. Spätestens dann, wenn ein Kind überraschend eine Gute-Nacht-Geschichte wünscht, weil es sonst bestimmt nicht einschlafen kann.

Beispiele
gelungener Erzählkultur

Erzählen ist eine Jahrtausende alte Kunst. Lebensweisheit und religiöse Erfahrung, sprachliche Kunstwerke und humorvolle Begebenheiten wurden so weitergegeben. Diese Kunst droht uns verloren zu gehen. Durch den Einfluss der modernen Medien ist das Erzählen zurückgedrängt, manchmal ganz vergessen. Aber es gibt auch Beispiele aus unseren Tagen, die zeigen, wie die Erzählkunst sich wieder neu in unserer Gesellschaft entwickelt und auf Resonanz stößt.

Von solchen Beispielen soll am Schluss dieser kleinen Abhandlung berichtet werden, ohne irgendeinen Anspruch auf Vollständigkeit zu erheben. Und neben diesen Beispielen gibt es natürlich immer noch – oder schon wieder – die unzähligen Erzählerlebnisse im Kindergottesdienst, im Kindergarten oder auch in den Familien auf dem Sofa, auf dem Fußboden, im Bett, beim Spaziergang, in der Kuschelecke oder wo auch immer, allem Kassettenboom und aller Fernsehvielfalt zum Trotz.

Die Gute-Nacht-Geschichte
in der Urlauberarbeit der Kirchen

In Ferienzentren und auf Campingplätzen bieten ehrenamtliche Mitarbeiter und Mitarbeiterinnen der Kirchen oftmals ein buntes Programm an. Als ein „Renner" erweist sich dabei das Angebot einer „Gute-Nacht-Geschichte" für Kinder und Eltern.

Hundert Kinder können da leicht an einem Abend zusammenkommen. Es werden Lieder gesungen und manchmal gibt es auch ein Puppenspiel. Aber das Wichtigste ist doch immer die erzählte Geschichte. Mucksmäuschenstill wird es dann, die Kinder verfolgen gebannt jeden Satz und die Eltern beugen sich auf ihren Stühlen weiter vor, damit ihnen kein Wort entgeht.

Unterschiedliche Geschichten werden erzählt, lustige und spannende, Märchen und biblische Geschichten, aber die lustigen überwiegen. Für manche Urlauberfamilie wird dieser allabendliche Ritus so wichtig, dass sie ihre Tagesplanung darauf einstellen („Um sieben Uhr müssen wir wieder zurück sein!"), und manche Eltern sehen sich nach dem Urlaub vor die Aufgabe gestellt, diese Tradition fortzusetzen.

Geschichten zum Advent

Ähnliche Erfahrungen machten Mitarbeiter/innen einer Kirchengemeinde, die für eine Woche im Advent eine abendliche Geschichte in der Kirche anboten.

Es ist überraschend, wie viele Kinder kommen (trotz der zeitlichen Belastung im Advent), um einer schlichten Geschichte willen, die nach dem Glockenläuten bei Kerzenschein erzählt wird. Eng zusammen sitzen sie auf dem großen Teppich bei den Altarstufen. Geschichten zur Weihnachtszeit gibt es reichlich, manche gut, andere fürchterlich. Und manchmal ist es auch im Advent gut, nicht nur Weihnachtliches zu erzählen.

Wer sind die Erzählerinnen und Erzähler? Es sind in keinem Fall Profis, die das schon lange können. Es sind Leute, die sich an einem Abend vorbereitet haben, die von „inneren Bildern" und der „wörtlichen Rede" hörten und das an einer Geschichte ausprobieren wollten. Es wurde nicht immer eine perfekte Erzählung. Manchmal ging es nur mit Herzklopfen und Stottern und trotzdem hörten alle gebannt zu. („Gibt es das nächstes Jahr im Advent wieder? Oder schon im Frühjahr?")

Die Geschichte am Unterrichtsschluss

Pastor R. gibt Konfirmandenunterricht. Seine dreizehnjährigen Jungen und Mädchen sind nicht übermäßig interessiert. Aber zehn Minuten vor Unterrichtsschluss werden sie ruhiger. Denn die letzten zehn Minuten wird erzählt, jedesmal ein Stück der biblischen Geschichten, ein zweijähriger Fortsetzungsroman von Abraham bis Paulus.

Pastor R. ist kein großartiger Erzähler, aber er kennt und liebt seine Geschichten und das merkt man ihnen an. Und so werden die letzten zehn Minuten erzählt, einfach nur erzählt. Nach zwei Jahren sind tatsächlich die meisten Geschichten der Bibel bekannt.

Fragt man später die ehemaligen Konfirmanden, an was sie sich denn noch erinnern aus ihrem Unterricht, fällt die Antwort eindeutig aus: an die Geschichten („Und am besten fand ich ..." – „Und weißt du noch, wie der ..." – „Und dann diese verrückte Idee von dem ...").

Das Erzählzelt auf dem Kirchentag

Auf den evangelischen Kirchentagen kommen über 100.000 Menschen zusammen, bewegen sich zwischen den Hallen des Messegeländes von liturgischen Feiern zu Vorträgen, von Diskussionen zu Tanzrunden. Mitten im Besucherstrom steht das Erzählzelt, wo zu jeder Stunde wieder eine längere Geschichte erzählt wird. Erzähler und Erzählerinnen wechseln sich ab, sodass das Zelt acht Stunden geöffnet ist.

Etwa achtzig Personen passen in das Zelt, da ist Erzählen ohne Mikrofon gerade noch möglich. Technik würde stören und wird deshalb weggelassen, obwohl an den Zelteingängen viele stehen bleiben und zuhören wollen.

Im Zelt ist gebannte Stille, wenn Mose aufbricht in die Wüste, wenn die Schwarze Perle in der Grotte versinkt, wenn Mönch Amboß seinen Abt hereinlegt oder die Samaritanerin von ihrem Brunnenerlebnis spricht. Die Geschichten sind den Zuhörenden überwiegend bekannt, es geschieht nichts Spektakuläres und doch bleiben alle sitzen und hören zu: „So habe ich die Geschichte noch nie gehört. Ich habe Bücher darüber gelesen und Predigten gehört, aber die Geschichte selber habe ich noch nie so als Geschichte gehört."

Eine kurze Pause, die meisten Leute brechen auf, das Zelt füllt sich neu und wieder werden alle hineingenommen in die neue Geschichte. Sie hören und hören, Bilder und Erinnerungen tauchen auf, altvertraut und doch wieder neu: „Viel wird hier auf dem Kirchentag mit Geschichten gemacht, aber wie schön ist es, wenn wir einfach erzählen!"

Und so verbinde ich mit diesen Beispielen die Hoffnung, dass wir uns wieder die Muße nehmen und den Mut haben, Geschichten einfach zu erzählen, ihre Bilder zu entfalten und zu bestaunen, ihren Geräuschen und Reden zu lauschen und staunend vor ihren Weisheiten und Geheimnissen zu stehen.